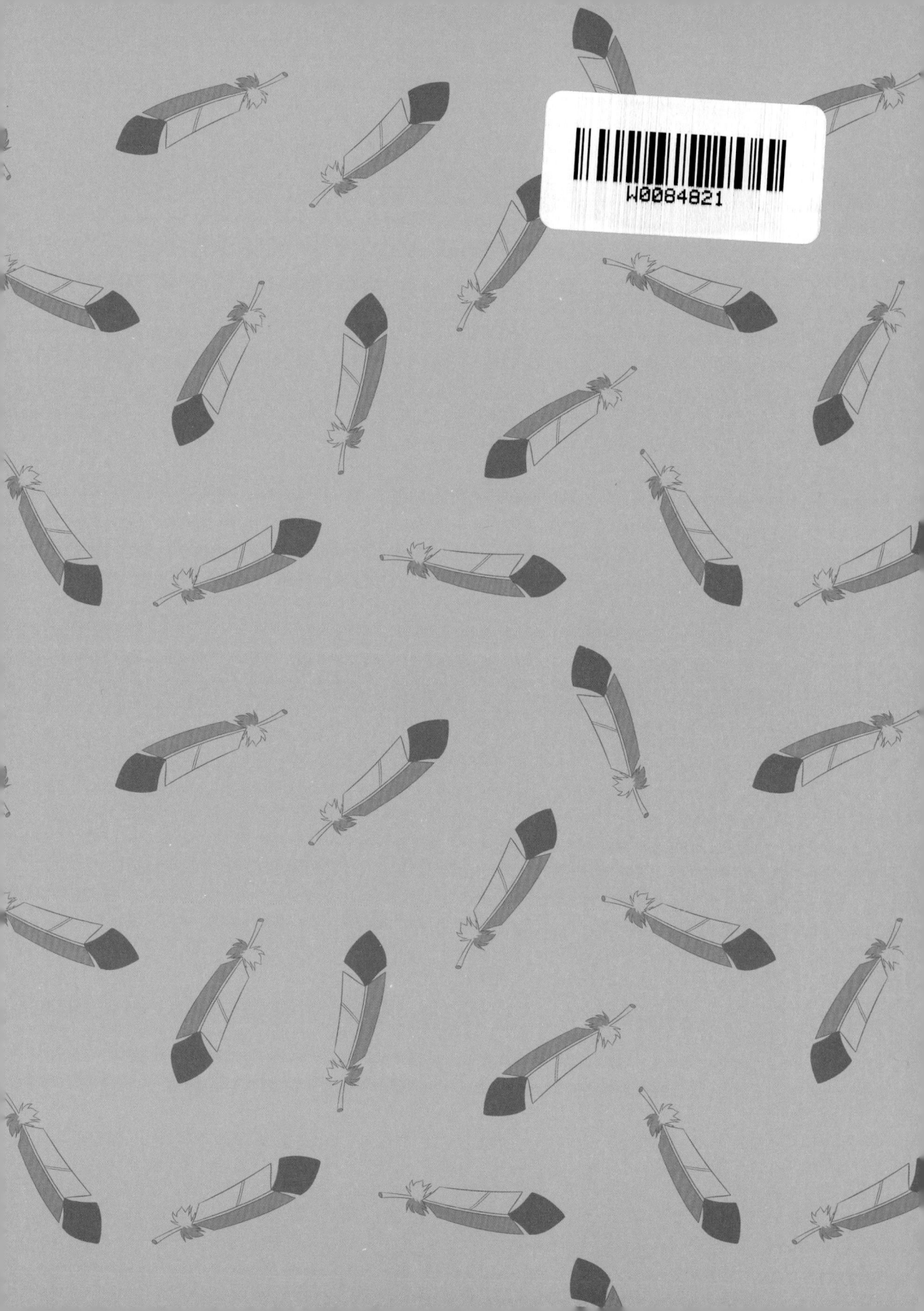

YAKARI

5-MINUTEN-
INDIANERGESCHICHTEN

nach
DERIB + JOB

EDEL : KIDS

INHALT

DER TOLLPATSCHIGE WASCHBÄR

Was für ein herrlicher Tag! Yakari reitet auf dem Rücken
seines besten Freundes, dem Pferd Kleiner Donner,
durch den Wald.

»Danke, dass du mich begleitest«, sagt er.

»Regenbogen braucht doch Johannisbeeren, damit
das Essen gut schmeckt.«

»Ich ess' Johannisbeeren auch gern!«, antwortet
Kleiner Donner.

Plötzlich hören die beiden wütende Stimmen.

Das kommt vom Flussufer!

»Verschwinde sofort, wir wollen dich nicht mehr!«,
ruft da jemand.

Erschrocken späht Yakari durch das Unterholz zum

Flussufer. Dort sieht er den Biber Tausendmäuler und einen riesigen Grizzlybären.

»Du hast den Damm kaputt gemacht und meinen Fischfang verdorben«, knurrt der Grizzly einen kleinen Waschbären an, der geknickt vor ihm steht.

»Verschwinde!«

Hals über Kopf rennt der kleine Waschbär los – direkt auf Yakari zu.

»Tausendmäuler, ihr könnt ihn doch nicht einfach verjagen!«, ruft Yakari aufgebracht.

»Yakari!«, begrüßt ihn der Biber. »Ich sage dir, dieser Waschbär bringt wirklich nichts als Ärger.«

»Ich kümmere mich um ihn«, verspricht Yakari.

»Vielen Dank«, ruft der Waschbär und will
Yakari stürmisch umarmen. Aber dabei – pardauz! –
wirft er Yakari um.

»Na, das fängt ja gut an«, murmelt Kleiner Donner.
Als Yakari auf Kleiner Donner wieder durch
den Wald reitet, tanzt der Waschbär glücklich um
die beiden herum.

»Ich werde euch zeigen, wo die allerbesten
Johannisbeeren sind«, verspricht er.

»Das ist lieb von dir«, sagt Yakari.

»Sag mal, wie heißt du eigentlich?«, möchte Kleiner
Donner wissen.

Da bleibt der Waschbär stehen und lässt den Kopf
hängen. »Tollpatsch«, sagt er betrübt. »So
haben mich meine Eltern genannt, weil ich immer so
ungeschickt bin. Schau mal!«

Er biegt einige Zweige auseinander.
Tatsächlich, da steht ein großer
Strauch voll herrlicher Johannisbeeren.
Eifrig beginnt Yakari, die roten Beeren
zu sammeln. Regenbogen wird sich freuen.

»Was ist denn das?«, wundert sich
Tollpatsch. Er hat ein Seil auf dem Boden

gefunden und will es fortziehen,
damit niemand darüber
stolpern kann. Doch damit
zieht er die Falle zu!
Oh nein! Yakari
baumelt kopfüber von
einem hohen Ast
herab! Sein Bein ist in
der Schlinge gefangen!
Und vor Schreck hat er
den Beutel voller
Johannisbeeren fallen gelassen.
»Yakari!«, ruft Kleiner Donner
bestürzt.
Als Tollpatsch sieht, was er angerichtet
hat, ruft er: »Nur keine Angst, ich hol dich da
wieder runter!«
Schnell klettert er auf den Ast, an dem Yakari hängt. Mit
seinen scharfen Zähnen beißt er das Seil durch.
Rums! Wie ein Stein fällt Yakari zu Boden – mitten in
den Johannisbeerstrauch hinein.
»Du Tollpatsch!«, schimpft Kleiner Donner und schaut
besorgt nach seinem Freund.
Der taucht lachend aus dem Johannisbeerstrauch auf.

»Nichts passiert!«, ruft er. Dann sieht er seinen leeren
Beutel. »Nur Johannisbeeren haben wir keine …«

Zum Glück hat Regenbogen noch einige Heidelbeeren,
so schmeckt das Abendessen doch sehr gut.
In der Nacht schläft Yakari unruhig, denn es macht
ihm Sorgen, dass er dem kleinen tollpatschigen
Waschbären nicht helfen kann.
Da erscheint ihm im Traum Großer Adler – sein Freund
und Helfer in der Not.
»Mein Name ist Großer Adler«, sagt er.

»Das weiß ich doch«, wundert sich Yakari.
»Warum sagst du das?«
»Dein Name ist, was du bist. Findest du das nicht
auch?«, sagt Großer Adler – und verschwindet.
Ratlos wacht Yakari auf. Was wollte ihm sein
Freund sagen?

Am Morgen begrüßt ihn seine Freundin Regenbogen
mit einem strahlenden Lächeln.
»Du gibst mir immer wieder Hoffnung,
wie der Regenbogen nach dem
Regen«, meint Yakari. »Wie es dein
Name ja sagt.«

Regenbogen lacht. »Ja, stell dir mal vor, was wäre, wenn ich Gewitterwolke heißen würde.«

Da geht Yakari plötzlich ein Licht auf. Na klar! Ein Name kann alles verändern. Er muss sofort Tollpatsch finden! Schon reitet er auf Kleiner Donner wieder durch den Wald. Da entdeckt er Tollpatsch: Er sitzt auf einem Baum – und unten steht der wütende Grizzly. Plötzlich bricht der Ast ab. Der Ast fällt dem Bär auf den Kopf, sodass er ohnmächtig umkippt.

Tollpatsch landet weich auf dem Grizzly.

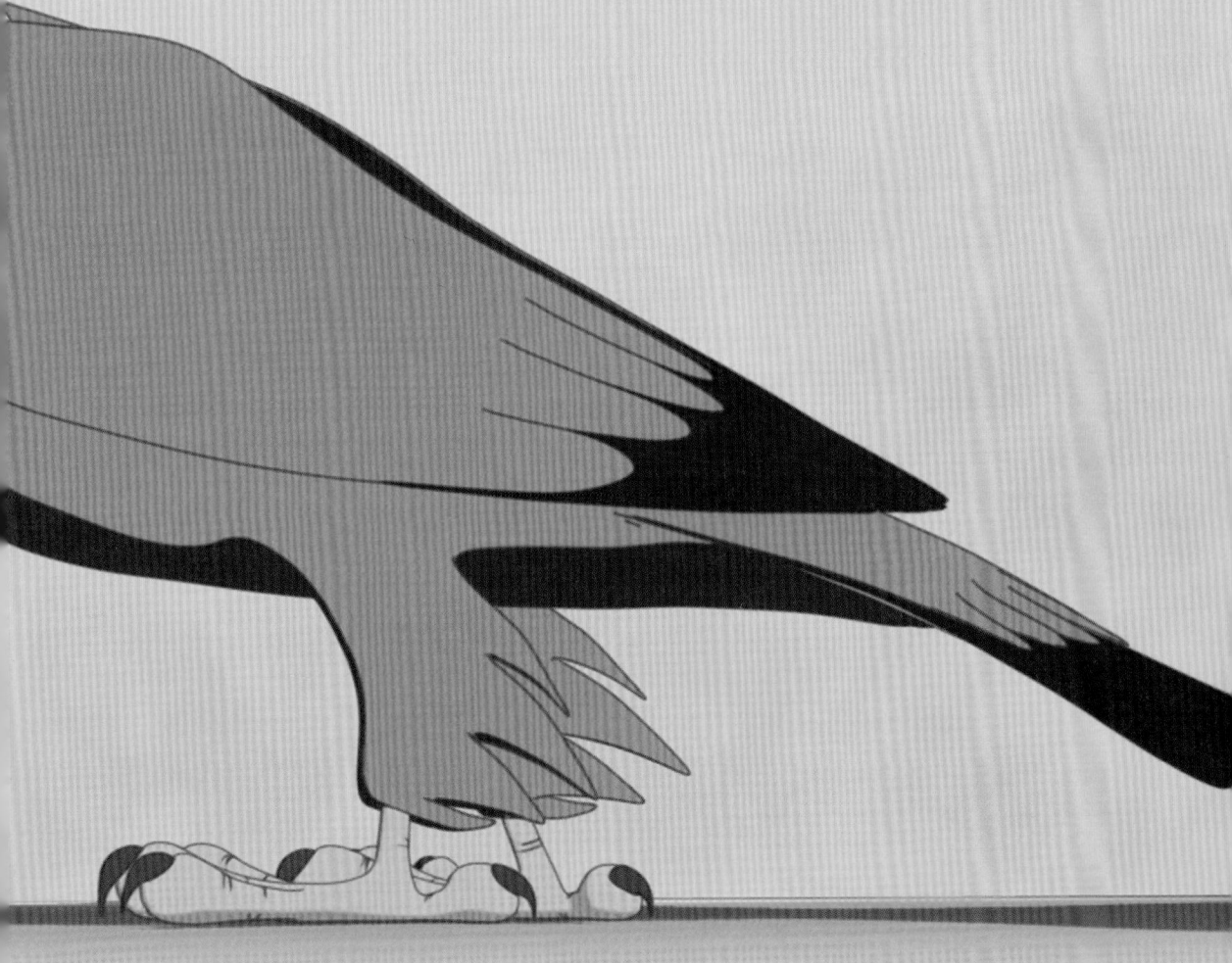

Aber der Bär tut ihm leid. »Könnte ich nur irgendetwas Gutes für ihn tun.«

»Weißt du«, sagt Kleiner Donner, »dafür solltest du wachsam sein und die Augen aufhalten. Dann wärst du nicht so tollpatschig.«

»Wachsam sein und Augen auf«, murmelt Yakari.

»Ich hab's! Du heißt Wachsames Auge!«

»Au ja«, freut sich der Waschbär. »Ich liebe diesen Namen! Und als Erstes werde ich für den Grizzly Fische fangen.«

Es klappt: Seit der kleine Waschbär Wachsames Auge heißt, macht er keinen Quatsch mehr. Alles gelingt ihm! Und der Grizzly staunt nicht schlecht, als er aufwacht und ein tolles Fisch-Picknick vorfindet. Dankbar lädt er Wachsames Auge zum Essen ein.

Der Waschbär darf am Fluss wohnen bleiben. Yakari ist glücklich!

DIE HERRSCHAFT
DER HITZE

»Was für eine schreckliche Hitze! Alle haben Durst«,
stöhnt Yakari. Er reitet auf Kleiner Donner zum nahen
Fluss, um seine Trinkflasche zu füllen.

Doch welch ein Schock, als sie das Ufer erreichen: Das
Flussbett ist leer!

»Gestern war das Wasser noch da!«, ruft Yakari
entsetzt. »Schnell, Kleiner Donner, wir müssen allen
Bescheid sagen!«

Die Stammesältesten des Indianerdorfs sind ratlos.
Der-der-alles-weiß, der weise Medizinmann, wiegt den
Kopf. »Nicht einmal bei so großer Hitze kann der Fluss
innerhalb von ein paar Stunden völlig verschwinden.«

»Was es auch ist«, sagt Yakaris Vater Kühner Blick.

»Ohne Wasser kann niemand leben. Wir müssen fortziehen.«

»Und was sollen die Tiere machen?«, fragt Yakari.

»Ich will wissen, warum das Wasser nicht mehr fließt.«
Er ist fest entschlossen, dieses Rätsel zu lösen!
Zum Abschied gibt ihm Schimmernde Zöpfe eine
gefüllte Wasserflasche mit.

»In zwei Tagen ziehen wir los«, sagt Kühner Blick.
»Du solltest nicht zu spät kommen. Möge
Mutter Erde dich beschützen.«

Im Galopp reitet Yakari auf Kleiner Donner am
ausgetrockneten Fluss entlang. Immer wieder treffen
sie auf durstige Tiere.

»Lass uns die Biber suchen«, sagt Yakari zu Kleiner
Donner. »Vielleicht haben sie den Fluss aufgestaut.«
Da stürzt sich plötzlich der Carcajou, der gierige
Vielfraß, aus einem Hinterhalt auf Yakari. Der kleine
Sioux fällt zu Boden und verliert dabei seine
Trinkflasche. Der Carcajou schnappt sie sich schnell
und versucht sie zu öffnen.

»Los, gib sie mir wieder«, sagt Yakari und rappelt
sich auf. »Du machst sie nur kaputt, und dann ist das
Wasser verloren.«

»Bist du gar nicht wütend auf mich?«, fragt der
Carcajou verwundert.

»Nein«, erwidert Yakari. »Ich kann dich sogar verstehen.«

Er nimmt ihm die Flasche ab, öffnet sie und gießt dem Carcajou Wasser ins Maul.

»Danke, Yakari«, sagt der Vielfraß und läuft davon.

Nach einer Weile finden Yakari und Kleiner Donner die Biber. Sie haben einen Damm um ein Wasserloch im trockenen Flussbett gebaut und stopfen gerade die letzten Löcher.

»Diese kleine Pfütze ist alles, was vom Fluss noch übrig ist«, erklärt der Biber Tausendmäuler Yakari.

»Glückwunsch!«, ruft Yakari. »Ihr habt es geschafft, ein bisschen Flusswasser zu retten … Und ich dachte schon, ihr würdet den Fluss am Fließen hindern.«

»Wir?«, ruft Tausendmäuler. »Der Fluss ist unser
Zuhause!«

»Aber warum fließt dann das Wasser nicht mehr?«,
überlegt Yakari.

»Kurz bevor es aufgehört hat zu fließen«, erzählt da
der kleine Biber Lindenbaum, »habe ich ein komisches
Geräusch aus den Bergen gehört.«

»Danke!«, ruft Yakari und schwingt sich auf Kleiner
Donners Rücken. »Dann werden wir dort weitersuchen!«

Doch als es Nacht wird, haben Yakari und
Kleiner Donner immer noch nichts gefunden.
Und sie haben solchen Durst!
Als die Sonne am nächsten Morgen aufgeht,
erscheint Großer Adler.
»Höre mir zu, Yakari«, sagt er. »Der Fluss entspringt
der Erde, und dann verschwindet er unter den Füßen
der Riesen.«
»Was soll das bedeuten?«, fragt Yakari.
Da ist Großer Adler schon wieder verschwunden.
»Wir müssen weitersuchen«, sagt Yakari
entschlossen zu Kleiner Donner.
Nach einer Weile entdeckt Yakari Bisonspuren. Es muss
eine riesige Herde sein!
Die Spuren führen in ein
saftiges Tal. Hier fließt
der Fluss!
Erleichtert füllt
Yakari seine Flasche.
»Ob die Bisons das
ganze Wasser

wegtrinken?«, überlegt er. Das kann eigentlich nicht sein. Da tritt Kleiner Huf auf ihn zu, ein Bison, dem Yakari vor einiger Zeit einmal geholfen hat. Jetzt möchte er Yakari helfen und führt ihn zu Hölzernes Horn, dem Leitbullen.

»Was kann ich für dich tun?«, fragt Hölzernes Horn.

»Großer Adler hat mir gesagt, dass das Wasser unter euren großen Hufen verschwindet.«

»Wir stehlen doch nicht euer Wasser!«, ruft Hölzernes Horn empört.

»Und da hinten, was ist das?«, fragt Yakari und deutet auf einen riesigen Felsbrocken.

»Wölfe haben uns angegriffen«, erzählt Hölzernes Horn. »Wir sind davongerannt. Die Erde bebte unter unseren Hufen. Riesige Felsbrocken sind aus dem Berg gebrochen und bis hierher gerollt.«

»Das muss der Krach gewesen sein, den die Biber gehört haben«, meint Yakari.

»Durch die Felsen hat sich die Richtung des Flusses verändert.«

»Dann war es doch unsere Schuld«, sagt Hölzernes Horn traurig.

»Es war ein Versehen – und ihr werdet es wieder gutmachen«, sagt Yakari.

Und das tun die Bisons! Gemeinsam

räumen sie einen riesigen Felsbrocken aus dem Weg.
Der Fluss fließt wieder in sein altes Flussbett zurück!
»Großartig, Yakari«, lobt Hölzernes Horn.
Das finden auch alle Tiere am Fluss, denen Yakari auf
dem Heimweg ins Indianerdorf begegnet.
»Ich bin stolz auf dich, mein Sohn«, sagt Kühner Blick,
als Yakari wieder zu Hause ist. »Denn wer sich um
das Wasser kümmert, kümmert sich um das Leben.«
»Komm, wir gehen baden!«, ruft Regenbogen.

HILF DEINEN FEINDEN!

»Wer als Erster unten ist!«, ruft Yakari seinem Freund
Kleiner Donner zu und stößt sich ab. Auf einer
Büffelhaut rutscht er den Abhang hinab. Juhuuu!
Aber Kleiner Donner ist einfach das schnellste Pferd
der Prärie! Ruckzuck hat er Yakari eingeholt.
Yakari weicht einem Baumstumpf aus, verheddert sich
in der Büffelhaut, kullert Hals über Kopf in den
Wald hinein – und stößt, pardauz!, ausgerechnet mit
dem Carcajou zusammen.
Wütend schreit der Carcajou auf, als er rückwärts in
ein Gebüsch fällt.
»Wer war das? Wer hat mich da geschubst?«, schreit er
und muss im selben Augenblick heftig niesen. Fauchend

blickt er sich um – doch seine Augen tränen mit einem
Mal so sehr, dass er nichts erkennen kann.

»Das war ich, Yakari. Entschuldige, Carcajou!«
Brüllend will sich der Carcajou auf Yakari
stürzen. Doch ein heftiger Nieser wirft ihn zurück.
Ein Glück! In Windeseile flüchtet Yakari sich zu
Kleiner Donner!

»Schnell weg!«, schreit er. »Der Carcajou ist gleich hier!«
»Oh, der kann so schnell laufen!«, ruft Kleiner Donner
und rennt los.

»Er ist ständig am Niesen und stößt sich deswegen
immer wieder«, erklärt Yakari.

Nach einer Weile blickt er sich um. Aber da ist
kein Carcajou. Erleichtert hält Kleiner Donner am
Flussufer an.

»Ich verstehe das nicht«, sagt Yakari. »Er ist das
angriffslustigste Tier der Gegend. Und sein Geruchssinn
ist so gut, dass er sogar im Winter seine Beute unterm
Schnee findet. Wie konnte er unsere Fährte verlieren?«

»Du hast es doch gesagt«, meint Kleiner Donner. »Weil er
ständig niesen muss und seine Augen tränen.«

»Das ist nicht normal«, sagt Yakari. »Vielleicht braucht
er unsere Hilfe.«

»Was?! Einem Carcajou helfen?«, wundert
sich Kleiner Donner.

Doch Yakari ist schon losgelaufen, um den Vielfraß
zu suchen.

Er findet ihn in einer tiefen Felsspalte. Blindlings scheint
er dort hineingestolpert
zu sein … Und weil er
ständig niesen muss,
schafft er es auch
nicht mehr
herauszuklettern. Der
Carcajou tut Yakari leid.

»In welche Pflanzen hast du ihn vorhin eigentlich gestoßen?«, fragt Kleiner Donner.

»Äh … Ich glaube, es war Taubenkraut«, überlegt Yakari.

»Jetzt verstehe ich!«, ruft Kleiner Donner.

»Taubenkraut reizt die Nase und die Augen. Der Carcajou hat eine allergische Reaktion.«

»Dann ist es meine Schuld, dass er jetzt so arm dran ist.« Yakari ist erschüttert. »Ich muss ihm helfen. Und ich weiß auch schon, wie!«

Wie der Blitz rennt Yakari zum Fluss. Dort bauen seine Freunde, die Biber Tausenmäuler, Lindenbaum, Wilde Rose und Nagezahn mit zwei Bekannten an einem stattlichen Damm.

Eigentlich können sie Yakari keinen Wunsch abschlagen, denn sie haben ihn sehr gern. Aber als sie hören, dass sie dem Carcajou helfen sollen, schütteln sie die Köpfe. Sie haben Angst vor dem Vielfraß!

»Bitte«, fleht Yakari. »Er fürchtet sich bestimmt da unten in der Felsspalte. Und ihr würdet euch auch freuen über einen Helfer. Auch wenn er kleiner ist und gar kein Freund.«

Schließlich nicken die Biber.

Gemeinsam fällen sie im Wald einen hohen Baum und nagen sorgfältig die Äste ab. Den glatten Stamm

bugsieren sie mit der Hilfe von Yakari und Kleiner
Donner zur Felsspalte.
Aber bevor sie den Baumstamm herablassen, nimmt
Yakari dem Carcajou das Versprechen ab, nach seiner
Befreiung keinem seiner Helfer etwas zuleide zu tun.
Grummelnd stimmt der Carcajou zu.
Die Biber lassen den Stamm in die Tiefe gleiten.
Der Carcajou erklimmt ihn – und hatschi!,
sitzt er wieder auf dem Boden der Felsspalte. Doch
beim zweiten Mal gelingt es ihm.
So plötzlich steht er vor den Bibern, dass Lindenbaum
vor Schreck stolpert und dem Carcajou vor die
Schnauze kullert!
Knurrend will sich der Carcajou auf Lindenbaum werfen.

Doch Yakari geht dazwischen.

»Lass meinen Freund in Ruhe. Dann helfe ich dir
auch mit deinem Problem.«

»Welches Problem?«, will der Carcajou wissen.

»Du niest, und deine Augen brennen, weil du eine
Allergie hast. Ich weiß, wie das weggeht.«

»Ach ja?«, knurrt der Carcajou misstrauisch.

Yakari holt ein Töpfchen Medizin hervor, die er von
seiner Freundin Regenbogen bekommen hat.

Die Biber bringen sich lieber in Sicherheit.

Vorsichtig verstreicht Yakari den Balsam um Nase
und Augen des Carcajou.

Der Carcajou seufzt erleichtert. »Endlich«, sagt er.
»Es geht mir schon viel besser.«

Yakari stellt den Balsam ab und geht einen Schritt
rückwärts. »Ich habe verstanden, Carcajou. Danke, dass
du dein Wort gehalten hast.«

»Und ich danke dir, dass du mir geholfen hast«,
sagt der Carcajou. »Aber jetzt solltest du verschwinden,
denn ich bin sehr hungrig.«

Und das tut Yakari. Er schwingt sich auf den Rücken
von Kleiner Donner, und gemeinsam reiten sie davon.
Hui, schneller als der Wind!

DIE FÄHRTE DES PUMAS

Yakari und Kleiner Donner streifen durch den Wald. Mit einem Mal sehen sie einen Puma – und den Krieger Stolze Wolke. Er zielt mit einem Pfeil auf den Puma! »Nein, töte ihn nicht!«, schreit Yakari.

Stolze Wolke erschrickt. Der Pfeil geht daneben. Und der Puma setzt dem Krieger in großen Sprüngen nach, bis Stolze Wolke von einem Felsvorsprung fällt.

Der junge Krieger ist sehr wütend auf Yakari. Seinen Sturz haben einige Frauen gesehen – er hat sich zum Gespött des Stamms gemacht. Und seine kostbare Beute, der Puma, ist ihm auch durch Yakaris Schuld entwischt. Er beschwert sich vor dem Rat der Stammesältesten über Yakari. »Ich will diesen Puma«, sagt Stolze Wolke

fest. »Wenn ich ihn töte, wissen alle: Ich bin ein großer
Jäger. Und Yakari wird mir helfen, die Fährte
wiederzufinden, weil ich sie durch ihn verloren habe!«
Die Stammesältesten wiegen unsicher den Kopf.
Da tritt Yakari vor und sagt mutig: »Ja, das werde ich!«
Denn insgeheim hofft er, den Puma warnen zu können.

Zusammen mit Stolze Wolke reiten Yakari und Kleiner
Donner los. Schon bald entdecken sie die Fährte
des Pumas. Doch Yakari findet keine Gelegenheit, sie
heimlich zu verwischen …
Freudig bemerkt der kleine Sioux, dass Großer Adler,

sein Totemtier, ihn weit oben in der Luft begleitet.
Großer Adler ist wie ein Schutzengel für Yakari.
Auch Stolze Wolke hat den Adler gesehen und
sagt: »So wie ein Adler ist auch ein Jäger: einsam, voller
Stolz – und ohne jede Gnade.«
Yakari kann nur den Kopf schütteln. »Adler sind
gütig und weise. Sie verstehen es, von einer sinnlosen
Jagd abzulassen.«
Gegen Mittag machen sie eine Pause. Stolze Wolke will
Yakari einen Beutel mit gedörrtem Fleisch reichen – da
schnappt ihn sich der freche Rabe Krickrack! Flugs
verschwindet er damit in einem Gebüsch.
Auf allen vieren kriecht ihm Yakari hinterher.
»Ich hatte zwei Tage nichts zu fressen«,
verteidigt sich Krickrack.

Aber Yakari hat eine Idee. »Ich gebe dir das
ganze Fleisch, wenn du mir einen
Gefallen tust: Finde die Fährte des Pumas
und verwische sie.«
»So gut wie erledigt«, ruft Krickrack und
schwingt sich in die Luft.
Yakari und Stolze Wolke reiten
weiter – immer der Fährte
des Pumas nach.

Nach einer Weile gelangen sie an eine tiefe Schlucht.
»Der Puma ist gesprungen«, stellt Stolze Wolke fest.
»Das werden wir auch tun müssen. Bereit?«
Kleiner Donner nimmt Anlauf und springt. So eine
Schlucht ist für ihn keine Herausforderung!
Auch Stolze Wolke landet sicher auf der anderen Seite.
Doch er hat im Flug seinen Medizinbeutel verloren!
Der hängt an einem dünnen Ast an der Steilwand der
Schlucht.
»Ich werde ihn dir holen«, sagt Yakari. »Der Ast ist
viel zu dünn für einen Erwachsenen.«
Vorsichtig klettert Yakari an der Wand herab. Schon hat
er den Beutel in der Hand – da bricht der Ast ab!
Yakari fällt in die Schlucht!

Plötzlich packen ihn zwei kräftige Klauen. »Großer
Adler!«, ruft Yakari. Sein Totemtier hat ihn gerettet!
Großer Adler setzt Yakari ab. »Um die Beute zu
retten, muss man das Herz eines Jägers berühren«, sagt
er geheimnisvoll und fliegt auf seinen mächtigen
Schwingen davon.
Yakari ist ratlos. Was hat Großer Adler damit gemeint?
Nachdenklich sammelt er die Sachen aus dem
Medizinbeutel zusammen. Yakari stutzt. Ein Puma aus
Holz? Sollte das Totemtier von Stolze Wolke etwa ein
Puma sein?
Stolze Wolke ist froh, dass Yakari nichts passiert ist
und er seinen Medizinbeutel wiederhat. Aber die Jagd
auf den Puma will er nicht aufgeben.

»Wieso verfolgst du den Puma so unerbittlich?«, will
Yakari wissen.

»Als ich klein war«, erzählt Stolze Wolke, »habe ich ein
Pumajunges gepflegt, das seine Mutter verloren hatte.
Ich dachte, wir wären Freunde. Doch eines Tages ist
er weggelaufen. Er hat mich im Stich gelassen«, schließt
er verbittert.

»Man kann sich nicht mit einem Puma anfreunden«,
sagt Yakari. »Er ist zu wild.«

Plötzlich hören die Pumaspuren auf. Sie sind wie vom
Erdboden verschluckt. Yakari lächelt heimlich. Krickrack
und seine Freunde haben ganze Arbeit geleistet.

Da kommt er auch schon angeflattert und fordert seinen
Beutel ein.
Stolze Wolke ist vom Pferd gesprungen und klettert,
mit Pfeil und Bogen bewaffnet, die Felsen hinauf.
»Puma – wo bist du?«, schreit er.
Da stürzt sich der Puma auf ihn. Stolze Wolke liegt
hilflos auf dem Rücken. Der Puma knurrt ihn an.
Stolze Wolke spürt seinen heißen Atem im Gesicht.
Doch mit einem Mal springt der Puma davon.
Stolze Wolke setzt ihm nach. Schon zielt er auf ihn.
»Nein, warte!«, ruft Yakari. »Sieh dir den Puma genau an.
Er ist stolz und stark – wie du!«

Nachdenklich lässt Stolze Wolke den Bogen sinken. »Er hätte mich töten können und hat mich verschont. Wenn ich ihn verschone, bin ich ein ebenso großer Jäger wie er.« Er blickt Yakari an. »Danke, du hast mir die Augen geöffnet, Yakari.«

Als sie in Richtung Indianerdorf reiten, sind beide froh:
Stolze Wolke, weil er Frieden mit seinem Totemtier
geschlossen hat.
Und Yakari, weil er dem Puma helfen konnte.

DER FEUERRIESE

Stiller Fels, der Stammesälteste und Lehrer der Sioux,
erzählt den Kindern eine unheimliche Geschichte:
Als er selbst ein kleiner Junge war, gab es eines Nachts
ein fürchterliches Gewitter, und der Blitz schlug in
den höchsten Baum des Waldes ein. Viele Tage lang
brannte der Baum.
Und als das Feuer erlosch, blieb nichts als ein schwarzer
hohler Stumpf übrig, den die Indianer »Feuerriese«
nannten. Seither traut sich niemand mehr ins Innere
des Feuerriesen, denn man sagt, dass er immer
noch von Geistern bewohnt wird.
Den kleinen Sioux läuft ein Schauer über den Rücken.
Doch nachdem sie Stiller Fels gute Nacht gewünscht

haben und vor das Zelt treten, lacht Kleiner Dachs und
drückt Wirbelwind einen Stein in die Hand.
»Den Stein habe ich aus dem Feuerriesen geholt, als ich
beim Schwarzen Felsen gejagt habe«, sagt er stolz.
Wirbelwind staunt. »Du bist aber mutig. Ich hole mir
auch so einen Stein!«, ruft er und rennt davon.
Yakari gefällt das nicht. Er hat genau gesehen, dass
Kleiner Dachs den Stein einfach vom Boden
aufgehoben hat. »Du solltest ihm keine Lügen erzählen.
Wirbelwind ist so jung. Er glaubt dir jedes Wort.«
Kleiner Dachs zuckt die Schultern. »Morgen werde ich
ihm die Wahrheit sagen.«

Doch am nächsten Morgen ist Wirbelwind verschwunden!
Yakari ist sich sicher, dass er zum Feuerriesen
reiten will. Das ist sehr gefährlich, denn in der Gegend
gibt es Wölfe.
Und ausgerechnet heute ist Kleiner Donner nicht da,
weil er sich mit seinem Freund Orkan, einem wilden
Mustang, in der Prärie verabredet hat!
Yakari weckt Kleiner Dachs unsanft auf. »Wirbelwind ist
in Gefahr! Du hast ihn mit deiner dummen
Lügengeschichte auf die Idee gebracht, du kommst mit!«,
ruft er.
Sie reiten gemeinsam auf Kleiner Dachs' Pferd Blitz.

Schon bald finden sie Wirbelwinds Spuren – sie führen
genau zum Feuerriesen.
Und Yakari entdeckt noch etwas: »Wolfsspuren! Sie
kreuzen die von Wirbelwind, ein Wolf folgt ihm.«
Wirbelwind ist nicht weit gekommen. Yakari und
Kleiner Dachs finden ihn vor einem Kaninchenbau. Er
hat seinen Bogen gespannt und krakeelt lauthals:
»Komm raus, Kaninchen!«
Ein Knurren dringt an Yakaris Ohr. Das ist Grauer Wolf.
Er ist wütend, denn mit seinem Geschrei hat Wirbelwind
seine Beute vertrieben. Erst als Yakari ihm verspricht,
Wirbelwind nach Hause zu bringen, beruhigt er sich.

Aber Wirbelwind denkt gar nicht daran umzukehren.
Er will unbedingt diesen Stein haben. Und Kleiner Dachs
rückt immer noch nicht mit der Wahrheit raus.
Was soll Yakari nur tun? Wenn doch nur Kleiner Donner
bei ihm wäre …

Kurze Zeit später steht Wirbelwind vor dem mächtigen
Feuerriesen. Wie groß er ist – und wie unheimlich!
Der kleine Sioux nimmt seinen ganzen Mut zusammen
und geht auf den Spalt im Baum zu.
Plötzlich kreischt etwas schrill und greift ihn an.

Wirbelwind schreit entsetzt auf und flüchtet sich hinter sein Pferd Roter Mond.

So finden ihn Yakari und Kleiner Dachs. Yakari ist klar, dass Wirbelwinds Geist nur eine kleine Elster war, die im Baumstamm wohnt.

In diesem Augenblick greifen die Wölfe an!

»Yakari!«, knurrt Grauer Wolf. »Du hast deinen Freund nicht weggebracht, und mit seinem Schreien verschreckt er weiter unsere Beute!«

Die Wölfe wollen sich auf die drei Jungen stürzen. Im letzten Augenblick retten sie sich in den Feuerriesen.

»Die Geister! Sie starren uns an«, jammert Wirbelwind und schlottert vor Angst.

Yakari schaut genauer hin. »Das sind ja Masken, keine Geister! Als der Stamm vor dem Feuer geflohen ist, muss ihr Schamane hiergeblieben sein.«

»Kleiner Dachs, du rettest uns vor den Wölfen, weil du so mutig bist«, sagt Wirbelwind.

Kleiner Dachs lässt den Kopf hängen. Jetzt muss er mit der Wahrheit herausrücken.

Draußen knurren die Wölfe immer lauter. Yakari weiß keinen Ausweg …

Da hört er mit einem Mal Hufgetrappel und Gewieher! Durch den Spalt sieht er Kleiner Donner, der gemeinsam

mit seinen Mustang-Freunden auf die Wölfe zuspringt.
Sie wiehern laut, steigen und treten mit ihren
Hufen in die Luft. Die Wölfe ziehen die Schwänze ein
und trotten davon.

»Verlasst schleunigst unser Revier«, knurrt Grauer
Wolf zum Abschied.

»Kleiner Donner!«, ruft Yakari und fällt seinem Pferd um
den Hals. »Woher wusstest du, wo wir sind?« Da
sieht er Großer Adler, der auf seinen mächtigen Schwingen
davonfliegt. Sein Totemtier hat wieder auf ihn
aufgepasst und Kleiner Donner Bescheid gesagt.

»Danke, Großer Adler«, ruft Yakari.

»Das war keine gute Idee mit meinen erfundenen
Heldengeschichten«, gibt Kleiner Dachs verlegen zu.

»Ich wollte dich nur aufziehen, Wirbelwind, und das
tut mir leid.«

Wirbelwind ist Kleiner Dachs nicht böse. »Ich habe
jetzt einen echten Stein aus dem Feuerriesen. Ich bin
der Mutigste!«

»Und es war sehr mutig von dir, die Wahrheit zu sagen«,
sagt Yakari leise zu Kleiner Dachs.

Fröhlich reiten die Jungen auf ihren Pferden nach Hause.

HONIGFALLE FÜR HONIGTAU

Yakari und Kleiner Donner reiten im Sonnenschein zum
Fluss. Plötzlich stutzt Yakari, und Kleiner Donner hält an.
Das ist ja Honigtau, das kleine Bärenjunge! Er steht am
Flussufer und versucht, einen Fisch zu fangen. Aber
er stellt sich fürchterlich ungeschickt an. Immer wieder
entwischen ihm die schnellen Fische!
»Hallo Honigtau«, ruft Yakari. »Übst du Fischefangen?«
»Yakari!«, ruft Honigtau froh. »Ihr werdet sehen: Das gibt
einen Festschmaus.«
»Wieso ist denn deine Mutter nicht bei dir? Die kann
doch so toll Fische fangen«, sagt Yakari.
Honigtau schnauft. »Ach, meine Mutter! Die hab ich
verlassen. Ständig dieses Geknuddel! Ich bin jetzt groß.

Ich hab meinen Mut zusammengenommen und bin allein losgezogen. Meine Mutter war sogar einverstanden. Und sie macht sich keine Sorgen!« Yakari fällt es schwer, das zu glauben. Wenn sie sich wirklich keine Sorgen machen würde, warum steht die Bärenmutter dann versteckt im Gebüsch und beobachtet ihr Junges? Yakari und Kleiner Donner haben sie deutlich gesehen!

Kurzerhand beschließt Yakari, dem kleinen Bären beim Fischen zu helfen. So kann er ihn vielleicht auch vor einem Unheil beschützen.

Und wirklich! Sie fischen noch gar nicht lang, da kommt plötzlich – pfffft! – ein Pfeil angeschossen!

Jäger! Yakari blickt sich um. Da scheint es jemand auf

Honigtau
abgesehen zu
haben. »Schnell
weg!«, ruft er.

Voller Stolz zeigt Honigtau
Yakari seine neue Höhle.
Hier fühlt er sich sicher.
»Und ich habe auch eine Freundin, die mir hilft!«,
krakeelt er und deutet auf ein Loch in der
Felswand. »Nachts passt sie auf mich auf, denn
tagsüber schläft sie.«
»Aber nur, wenn du nicht solchen Lärm machst.« Eine
hübsche Schleiereule kriecht aus dem Loch und
landet elegant vor Yakari, Honigtau und Kleiner Donner.
»Wie heißt du?«, fragt Yakari freundlich.
Die Eule senkt betrübt den Kopf. »Ich habe
keinen Namen.«
Yakari denkt nach. »Ich weiß einen! Die, die ihr Herz
im Gesicht trägt! Herzgesicht!«
Glücklich legt sich Herzgesicht wieder schlafen.
Gut, dass die Schleiereule auf den kleinen Bären
aufpasst, denkt Yakari.
Rums! Yakari schreckt auf. Was war das für ein Krach?

Das Geräusch kam aus dem Wald!

»Das sind vielleicht diese Jäger!«, ruft Yakari.

»Ach wo!« Honigtau lacht. »Das war meine
Mutter. Sie folgt mir und trampelt dabei alles platt.« Laut
ruft er in den Wald: »Seit ich mich mit Herzgesicht
angefreundet habe, brauche ich niemanden mehr!«
Das findet Yakari ein bisschen gemein von Honigtau.
Die Bärenmutter wird vermutlich sehr traurig sein …

Im Wald beraten sich die beiden Jäger in ihrem Versteck.
Es sind ein junger, Kleiner Falke, und ein
älterer, Großes Stachelschwein.

»Ich werde niemals ein guter Jäger«, jammert
Kleiner Falke.

»Ich wüsste, wie wir das ändern«, sagt Großes
Stachelschwein. »Wir graben eine
Grube und locken den Bären da
hinein. Und zu der
Grube legen wir eine
Spur aus Honig.
Dem Geruch kann er
nicht widerstehen.«
Gesagt, getan! Schon bald
ist die Grube fertig

und mit Zweigen verdeckt. Kleiner Falke legt die Spur.
Und Großes Stachelschwein macht … Lärm!

Am Lagerfeuer vor Honigtaus Höhle spitzt Yakari die
Ohren. Was ist das für ein Krach?
»Die Jäger!«, ruft er und nimmt mit Kleiner Donner
die Verfolgung auf.
Jetzt ist Honigtau ganz allein vor der Höhle, denn
Herzgesicht ist auf Mäusejagd.

Sehnsuchtsvoll blickt er hinauf zum Mond. »Es wär'
schön, wenn meine Mama auch hier wär'«, sagt er leise
und seufzt.
Plötzlich steigt ihm ein verlockender Duft in die Nase.
Honig!
Er folgt der Spur … Wie das duftet!

Pardauz!, landet er kopfüber in der Falle. Oh weh, da gibt
es kein Entrinnen!
Schon stürzt sich Kleiner Falke auf Honigtau und
will ihn fesseln.

Das sieht Herzgesicht zufällig aus der Luft und fliegt
schnurstracks zu Yakari. Im Galopp eilt er durch
den Wald, zu der Stelle, wo die Falle ist. Kleiner Donner
bäumt sich wiehernd vor Kleiner Falke auf. Der lässt
entsetzt das gefesselte Bärenjunge los – aber Honigtau
ist viel zu schwer, als dass Yakari ihn wegtragen könnte.

Großes Stachelschwein versucht, Kleiner Falke
zu helfen.

»Er ist ein Baby!«, schreit Yakari die Jäger wütend an.

»Seid ihr etwa zu schwach für Beute in eurer Größe?«
Knurrend stürzt die Bärenmutter hervor. Herzgesicht hat
sie herbeigeholt. Die Bärenmutter rast vor Wut!

Mit zwei Tatzenhieben setzt sie die beiden Jäger
außer Gefecht.

Yakari bindet Honigtau los.

»Ich hab wirklich Glück, so eine Mama zu haben«, ruft er
und kuschelt sich an sie.

»Danke schön«, sagt die Bärenmutter zu Herzgesicht.

»Ich danke dir, dass du auf meinen Sohn
aufgepasst hast.« Sie blickt sich um. »Wo ist denn Yakari?
Bei ihm wollte ich mich auch noch bedanken.«

Aber Yakari ist zusammen mit Kleiner Donner schon auf
dem Heimweg ins Indianerdorf.

YAKARI UND DIE RIESENECHSE

Yakari liebt es, am Sumpfufer zu sitzen und seinen Freunden, den lustigen kleinen Waschbären, beim Herumplanschen zuzusehen.

»Es ist wundervoll bei euch!«, sagt er glücklich.

»Unser Sumpf ist der tollste Ort der Welt«, jauchzt der kleine Waschbär.

»Und es wimmelt hier von spannenden, kleinen Tierchen!«, ruft sein Bruder und hält einen Krebs in die Höhe.

»Mir sind es etwas zu viele«, sagt Regenbogen, die Yakari abholen möchte, damit er ihr beim Wasserholen hilft.

»Die Frauen haben hier noch nie Wasser geschöpft. Die Sümpfe sind für unseren Stamm nicht gut.«

Yakari versteht das zwar nicht, aber er steht auf, um seiner Freundin zu helfen.

So sieht er den riesigen dunklen Schatten nicht, der sich durchs Sumpfwasser schlängelt …

Wieder zu Hause im Indianerdorf erklärt Schimmernde Zöpfe, Yakaris Mutter, den Kindern, warum das Sumpfwasser nicht gut ist. »Das stehende Wasser im Sumpf bringt Gefahr. Wasser muss fließen, damit es gut für uns Sioux ist.«

In der Nacht träumt Yakari: Ein riesiger schwarzer
Schatten taucht auch dem Sumpfwasser auf und reißt
einen wunderschönen Silberreiher. Großer Adler
erscheint und sagt: »Es ist wahr, Yakari. Aus dem
Sumpfwasser droht euch Gefahr.«
Verwirrt wacht Yakari auf. Was Großer Adler wohl
meinte? Entschlossen steigt der junge Sioux
auf Kleiner Donners Rücken – und reitet zum Sumpf.
Regen setzt ein, plötzlich zucken Blitze, und Donner
kracht. Kleiner Donner hat Angst. Aber Yakari
möchte nicht umdrehen. Er macht sich Sorgen um
die Tiere im Sumpf.
Da kommt ihm eine Opossummutter mit ihren
Kindern in heller Panik entgegen.
»Geht nicht zum Sumpf«, ruft sie. »Dort ist ein
Ungeheuer, das wird euch auffressen!«
Und auch die Waschbären
kommen angerannt. »Wir
können nicht mehr im
Sumpf bleiben«,

keuchen sie. »Da ist ein neues, riesiges Ungeheuer!«

»Das ist das Wesen aus meinem Traum«,
murmelt Yakari – und reitet unerschrocken weiter.

Am Sumpf ist alles ruhig. Bis plötzlich ein Brüllen
die Stille zerreißt – und ein riesiges Tier auftaucht und
nach einem Silberreiher schnappt! Solch ein Wesen hat
Yakari noch nie zuvor gesehen. Es ist ein Krokodil – aber
in der Prärie, wo Yakari wohnt, leben eigentlich keine
Krokodile. Woher also sollte er eines kennen?

Mit einem Mal stürzt sich das Tier auf Yakari und reißt
sein gewaltiges Maul mit den vielen spitzen Zähnen auf.

»Lauf weg«, ruft Yakari durch den strömenden Regen
Kleiner Donner zu und klettert auf einen Baum am
Sumpfufer. »Du musst Hilfe holen! Ich versuche, mit
ihm zu reden!«

Doch das ist gar nicht leicht! Das Wesen knurrt
bedrohlich – und es scheint keines der Worte zu
verstehen, die Yakari zu ihm spricht.

Da verändert sich das Licht, der Regen stoppt, und
Großer Adler erscheint. »Das Tier hat Angst, Yakari, das
macht es wütend und gewalttätig. Dieser Sumpf ist
nicht sein Zuhause, es ist von einer Überschwemmung
hierhergetragen worden. Und nun ist es an einem Ort
gefangen, der viel zu klein für es ist.«

»Jetzt verstehe ich«, sagt Yakari. »Nur … wie soll es wieder nach Hause kommen?«

»Mit dem Wasser ist die Gefahr gekommen. Und mit dem Wasser wird sie auch wieder verschwinden«, sagt Großer Adler und fliegt davon. Der Regen setzt wieder ein.

»Ich muss eine Wasserrinne finden, damit du nach
Hause kannst«, sagt Yakari und springt mutig vom
Baum, dem Krokodil direkt vor die Nase.
Yakari rennt los – und das Tier rennt ihm hinterher.
Damit hat Yakari gerechnet.
Aber das Krokodil ist schnell, viel schneller als Yakari!
In diesem Augenblick taucht Kleiner Donner mit
Regenbogen und den Waschbären auf. Sie lenken die
fürchterliche Echse ab, sodass Yakari wieder einen
Vorsprung gewinnt.

»Ich muss das Tier zum Fluss locken«, ruft Yakari seinen Freunden zu. »Das ist der einzige Weg, wie wir es wieder loswerden.«

Noch nie ist Yakari der Weg zum Fluss so weit vorgekommen. Zum Glück helfen ihm seine Freunde. Jetzt hört es auch auf zu regnen.

Und endlich – endlich erreichen sie den Fluss! Schon sieht Yakari durch die Böschung das Ufer.

»Komm, nur ein kleines Stück!«, lockt Yakari das riesige Tier. Und obwohl es faucht und knurrt und kein Wort zu verstehen scheint, folgt ihm das Tier – und gleitet ins Wasser.

»Na siehst du«, sagt Yakari und lacht erleichtert.

»Mit diesem Fluss findest du schnell wieder den Weg nach Hause.« Er schaut dem Tier nach. »Ich sage lieber nicht Auf Wiedersehen – aber ich wünsche dir ein langes Leben, Echse mit den großen Zähnen.«

Yakari ist glücklich. Jetzt kehrt endlich wieder Frieden ein im wunderbaren Sumpf.

DIE DICKKÖPFIGE ZIEGE

Yakari erwacht. Die Sonne geht gerade auf. Im Indianerdorf ist es noch ganz still. Die perfekte Zeit für einen kleinen Ausritt! Mit seinem Freund Kleiner Donner trabt er durch den Wald.

Auf einmal dringt ein Knurren an ihre Ohren.

Das ist ein Wolf!

Und plötzlich hören sie auch ein Meckern!

»Eine Ziege, die allein im Wald herumläuft, ist eine leichte Beute für den Wolf«, ruft Yakari erschrocken. »Wir folgen dem Wolf, Kleiner Donner!«

»Soll der Wolf denn lieber uns fressen?«, beschwert sich Kleiner Donner. Aber er weiß ja, dass Yakari keine Angst kennt, wenn irgendwo ein Tier in Not ist.

Die kleine Ziege hat den Wolf schon abgehängt – und
steht jetzt mitten auf dem Biberdamm!
»Mach sofort, dass du wegkommst«, scheucht
Tausendmäuler, der Biber, den ungebetenen Gast weg.
Mit ihren Hufen zerstört sie sein schönes Bauwerk!
»Meinetwegen!«, antwortet die kleine Ziege.
»Dann verschwinde ich eben. Mir doch egal!«
Und schon springt sie weiter.
»Der war aber unfreundlich«, meckert sie. »Aber ich

finde bestimmt noch andere Freunde hier im Wald!«
»Hey, Ziege, warte doch!«, ruft Yakari und springt
von Kleiner Donners Rücken ab und über einige Steine
im Fluss an das Ufer, wo die kleine Ziege steht.
»Was machst du hier so weit weg von der Felsschlucht,
in der du sonst lebst?«, möchte er wissen.
»Ich hab genug von meiner Herde«, erklärt die
kleine Ziege übermütig. »Ich suche die Freiheit und
das Abenteuer!«
»Aber Ziegen leben doch gar nicht allein«, sagt
Yakari verwundert. »Geh lieber zurück, bevor dich
der Wolf findet.«
»Wolf?«, fragt die Ziege unbekümmert. »Von dem hab ich
noch nie gehört.« Und schon hüpft sie wieder fort.

»Der Wolf ist ganz in der Nähe«, sagt Yakari verzweifelt
zu Kleiner Donner und zeigt ihm eine deutliche Spur
aus Wolfstatzen. »Aber wie soll ich ihn nur vertreiben?
Wir müssen die Ziege finden – bevor sie der Wolf findet!«
Und schon reiten die beiden Freunde weiter.
Auf einer Lichtung im Wald spielt die Ziege ausgelassen
mit einem Schmetterling.
»Sieh dir das an, Kleiner Donner. Sie ist völlig
gedankenlos … und sehr dickköpfig!« Laut ruft er:
»Hey, kleine Ziege!«
Die Ziege blickt auf. »Fang mich doch, wenn du kannst!«
Schon rennt sie wieder fort.

Mit einem Satz springt der Wolf aus dem Gebüsch und
folgt ihr!

»Oh nein!«, ruft Yakari.

»Die macht uns noch verrückt«, schimpft Kleiner Donner.

Da kommt Yakari eine Idee. Schnell reitet er zu
den Bibern.

»Ich brauche eure Hilfe, Biber«, ruft er. »Und ich
brauche Baumstämme!«

Die Biber helfen Yakari gern. Er ist ihr Freund – und
außerdem geht ihnen die kleine dickköpfige Ziege,
die aus Versehen alles Mögliche kaputtmacht, ein wenig
auf die Nerven.

Ruckzuck fällen sie ein gutes Dutzend Baumstämme
und schichten sie zu einem großen Holzstoß.

»Hallo Ziege!«, ruft Lindenbaum, der kleine Biber, vom
Holzstoß herunter.

»Lass uns was Schönes spielen!«, lockt Nagezahn.

»Hoffentlich funktioniert der Trick«, murmelt Yakari.

Da kommt die Ziege auch schon freudig angesprungen.

Endlich hat sie Freunde gefunden!

Geschickt klettert sie auf den hohen Baumstammstapel.

In diesem Augenblick stürzt der Wolf aus
seinem Versteck.

»Lasst die Baumstämme rollen!«, ruft Yakari
den Bibern zu.

»Runterspringen, Ziege!«, befiehlt Nagezahn. Da haben
Lindenbaum und Tausendmäuler schon die Stopper
gelöst, und die Baumstämme geraten ins Rollen – direkt
auf den Wolf zu! Der Wolf kann nicht mehr ausweichen.
Er stolpert über das Holz und landet auf der Nase.

»Lass die Ziege in Ruhe!«, mahnt ihn Yakari ernst. »Sie
ist unsere Freundin.«

Mit eingezogenem Schwanz läuft der Wolf davon.

Die Biber lachen froh, und Yakari sagt: »So, nun wird
dir nichts mehr passieren.«

»Ja, ich hatte solche Angst«, gibt die Ziege kleinlaut zu.

»Du hattest recht, Yakari. Es ist viel zu gefährlich allein.«
Willig lässt sie sich von Yakari und Kleiner Donner in
die Felsschlucht zu ihrer Herde zurückführen.

»So eine Herde ist auch was Schönes«, sagt sie einsichtig.

»Nur eins ist dumm: Ich hab gar keine Freunde.«
»Ich bin mir ganz sicher, dass sich die anderen
Ziegen sehr freuen werden, dich wiederzusehen«, tröstet
Yakari sie.
Und richtig: Schon kommen die anderen Ziegen und
umringen die kleine Ausreißerin. »Wo warst du
denn? Wir haben uns alle schrecklich um dich gesorgt.«
»Ich hab nach Abenteuern gesucht«, sagt die kleine
Ziege. »Wenn ihr wollt, erzähl ich sie euch.«

Yakari lächelt. Die kleine Ziege wird sicherlich nicht mehr im Wald auftauchen. Und der Wolf wird hoffentlich auch wieder zu seinem Rudel zurückkehren. Damit er nicht mehr so allein ist.

DIE SIEBEN FEUER

Stiller Fels, der Stammesälteste des Dorfes, breitet eine bemalte Büffelhaut vor Yakari, Regenbogen und Kleiner Dachs aus. Darauf sind drei Wigwams und sieben große Feuer zu sehen.

»Wir wollen das Rennen der Sieben Feuer ausrichten«, erklärt er. »Nur die besten Jäger des Stammes dürfen daran teilnehmen. Doch in diesem Jahr haben wir ausnahmsweise entschieden, es auch euch Kindern zu erlauben.«

»Wir sind ja auch die Besten!«, posaunt Kleiner Dachs.

»Ihr müsst euch mit Stolze Wolke und Kühner Rabe messen, zwei großen, erfahrenen Jägern«, mahnt Stiller Fels. Er deutet wieder auf die Karte. »Die Reiter müssen

alle sieben Feuer finden, eines nach dem anderen.
Wer als Erster nach Hause zurückkehrt, hat
gewonnen. Und ich passe vom Adlerfelsen aus auf,
dass niemand schummelt.«
»Auf meinem neuen Pony Feuerhuf habe ich das Rennen
so gut wie gewonnen!«, prahlt Kleiner Dachs.
Aber da ist sich Yakari nicht so sicher: Regenbogens Pferd
Großer Grauer ist schnell. Und er weiß, dass er Kleiner
Donner, seinem besten Freund, blind vertrauen kann.

»Glück und gutes Gelingen«, wünscht Kühner Blick,
Yakaris Vater, seinem Sohn am Start. »Vergiss
nie: Bevor du das Rennen gewinnen kannst, musst du
zuerst die Achtung deines Pferdes gewinnen!«

Schon brennt das erste Feuer auf – das Startsignal!
Regenbogen prescht auf Großer Grauer davon,
Stolze Wolke und Kühner Rabe auf ihren Pferden
ebenfalls. Feuerhuf … bleibt einfach stehen!
Und Kleiner Donner galoppiert gemächlich los.
»Die Strecke ist lang, und ich muss mir meine Kräfte
einteilen«, erklärt er Yakari. »Du musst Vertrauen
haben. Ich will doch genauso gern gewinnen wie du!«
Sie erreichen das zweite Feuer als Vorletzte – aber Yakari

ist sich sicher, dass Kleiner Donner weiß, was er tut.
Weit abgeschlagen sitzt Kleiner Dachs auf Feuerhuf und
wütet: »Nun lauf endlich, du Faultier!«
Nun sind Yakari und Kleiner Donner mitten im Wald.
Das dritte Feuer ist vor lauter Bäumen nicht zu sehen.
»Keine Sorge, Yakari«, sagt Kleiner Donner. »Ich kann
den Rauch des Feuers riechen.«
Und tatsächlich: Sie erreichen das dritte Feuer noch vor
Regenbogen und Großer Grauer! Doch Regenbogens
Pferd ist wirklich schnell. Schon bald haben sie wieder
aufgeholt und galoppieren mit Stolze Wolke und Kühner
Rabe um die Wette zum vierten Feuer.
Von Kleiner Dachs ist nichts mehr zu sehen. Er hat
wohl aufgegeben …

Da! Auf der anderen Seite des großen Sees brennt das fünfte Feuer.

»Halt dich fest, wir nehmen die Abkürzung durch den See!«, ruft Kleiner Donner.

Das Wasser ist frisch, und Kleiner Donner ist ein guter Schwimmer. Aber Großer Grauer ist so schnell, dass er den See schon umrundet hat, als Kleiner Donner am anderen Ufer ankommt.

»Es tut mir leid«, sagt Kleiner Donner. »Das war doch keine gute Idee.«

»Nicht so schlimm«, sagt Yakari. »Schließlich machen wir das hier zusammen! Und immerhin sind wir jetzt Zweiter. Siehst du dort diesen Weg? Der ist eine echte Abkürzung!«

Schon prescht Kleiner Donner den steilen Pfad ins Gebirge hinauf. Der Pfad ist schmal, aber Kleiner Donner setzt sicher einen Huf vor den anderen. Und so erreichen sie das sechste Feuer als Erste!

Das siebte Feuer muss in der weiten Prärie in der Nähe des Indianerdorfes sein. Sofort reiten Yakari und Kleiner Donner weiter.

Richtig, dort brennt es!

»Oh!«, sagt Yakari, und Kleiner Donner hält an.

Eine Büffelherde grast zwischen ihnen und dem siebten Feuer!

»Wenn wir die Herde aufschrecken, könnte sie wild loslaufen und uns überrennen«, überlegt Yakari. »Wir müssen zu Fuß gehen, und zwar so leise wie möglich.« Er steigt ab und führt seinen Freund behutsam durch die Herde. Jeder Mucks könnte die riesigen Tiere erschrecken…

In diesem Augenblick kommen Stolze Wolke, Kühner Rabe und Regenbogen an.

»Die Bisons machen mir keine Angst!«, verkündet Stolze Wolke. »Ich werde gewinnen!« Schon treibt er sein Pferd mitten in die Herde.

»Halt, du schreckst die ganze Herde auf!«, schreit Kühner Rabe.

»Steig auf, Yakari!«, ruft Kleiner Donner. Schnell trägt er seinen kleinen Freund durch die wogende Masse der Bisons. Au! Da hat ihn ein Bisonhuf am Bein getroffen! Stolze Wolke stürzt vom Pferd. Im letzten Augenblick kann Kühner Rabe ihn retten.

Die Bisons rennen davon. Die Gefahr ist vorüber. Am siebten Feuer holen Stolze Wolke, Kühner Rabe und Regenbogen Yakari ein.

»Wieso hast du angehalten?«, will Großer Grauer von Kleiner Donner wissen. »Du hättest gewonnen.«

»Ich habe mir wehgetan. Und Yakari meinte, dann sollten wir das mit dem Rennen lassen«, erklärt Kleiner Donner.

»Kleiner Donner ist ja nicht mein Pony, er ist mein Freund!«, sagt Yakari.

»Wir werden alle gemeinsam zu dem Siegfeuer reiten«, sagt Kühner Rabe feierlich.

Als er die vier ins Indianerdorf einreiten sieht, nickt Der-der-alles-weiß zufrieden. »Das erste Mal kehren gleich vier Sieger ins Dorf zurück. Dieses Zeichen verheißt uns allen Gutes.«

FRÜHJAHRSPUTZ BEI FLUGHÖRNCHEN

Wie jedes Jahr im Frühling herrscht im Indianerdorf geschäftiges Treiben. Die Zelte werden gesäubert, die Felle gelüftet und die Vorräte überprüft. Schimmernde Zöpfe schickt Yakari mit einem Stapel Schüsseln an den Fluss, um sie ordentlich zu schrubben. Seufzend macht sich Yakari zusammen mit Kleiner Donner auf den Weg.

Im Wald hören sie plötzlich eine wütende Stimme.

»Geht das schon wieder los? Das sind doch alles Vorräte aus dem letzten Jahr, die müssen raus! Sieh bloß zu, dass der Krempel von hier verschwindet, und wag es ja nicht, noch mehr unnützes Zeugs ins Nest zu schleppen.«

Oje! Die Flughörnchenfrau scheint mächtig wütend
auf ihren Mann zu sein.

»Ach, Yakari«, ruft sie vom Baum herunter, als sie ihn
kommen sieht. »Man macht jetzt Frühjahrsputz
und sammelt Vorräte im Herbst – kannst du ihm das
mal erklären?«, sagt sie und funkelt ihren Mann böse an.
»Aber man kann nie wissen«, stammelt der. »Also fang
ich lieber jetzt schon an …« Flugs steckt er eine Nuss in
seinen großen Sack. Was für ein Dickkopf!

Am Fluss rackert sich Yakari mit den Schüsseln ab. Erst eine, dann noch eine und noch eine … Aber wo sind denn die anderen Schüsseln? Hat sie etwa jemand geklaut? »Das ist das Revier von dem Flughörnchen. Es wäre nicht das erste Mal, dass es etwas von uns nimmt«, überlegt er. Da stürzt das Flughörnchen auf ihn zu. »Yakari, du musst mir helfen. Meine Frau hat mich aus dem Nest geschmissen.«

»Wenn du da bist, wer ist dann der Dieb?«, wundert sich Yakari. »Ich muss ihn finden!«

»Wenn du mir jetzt nicht hilfst, muss ich den Wald verlassen«, sagt das Flughörnchen bekümmert.

Also macht sich Yakari mit ihm zusammen auf den Weg zum Nest. Doch was ist das? Am Fuße des Baums liegen ja seine Schüsseln! Und sie sind alle zerbrochen!

»Meine Frau glaubt, ich hätte sie gesammelt, aber ich war das nicht!«, jammert das Flughörnchen. »Und jetzt hat sie alles runtergeschmissen.« Empört huscht es in das Nest.

Yakari runzelt die Stirn und betrachtet die merkwürdigen Kratzspuren, die am Baumstamm hinaufführen.

»Ich war das«, sagt da eine näselnde Stimme.

»Du, Graufuchs?«, ruft Yakari erstaunt. »Du hast meine Sachen stibitzt und bei den Flughörnchen verstaut?«

»Ich wollte, dass du ihn für den Räuber hältst, denn er
hat im letzten Jahr beim Vorrätesammeln kein
bisschen für die anderen übrig gelassen. Und ich kann
gut an Bäumen hoch und runter klettern.«

Plötzlich landet ein großer Sack vor ihrer Nase. »Na gut,
dann zieh ich eben aus und suche mir ein neues Nest!«,
keift der Flughörnchenmann, segelt von Ast zu Ast
hinab, packt seinen Sack und zieht ihn hinter sich her.

»Siehst du, was du angerichtet hast?«, sagt Yakari
vorwurfsvoll zum Graufuchs.

Der Graufuchs verdreht die Augen. »Was will
es mit dem geradezu lächerlich großen Sack? Es kann
damit nicht einmal mehr fliegen.«

Sie folgen dem Flughörnchen zu einem hohen
alleinstehenden Baum. Dort hat es eine
Baumhöhle entdeckt und klettert nun mühsam mit
seinem großen Sack am Stamm empor.

Mit einem Mal fängt das trockene Gras unter dem Baum
im prallen Sonnenlicht Feuer! Der Baum brennt!

»Lass den Sack los und komm herunter!«, schreit Yakari.
Doch das Flughörnchen hört nicht und klettert
einfach weiter!

»Oh weh, mein Mann!«, kreischt da die Flughörnchenfrau.
»Du musst ihm helfen, Yakari!«

Yakari versucht an dem brennenden Baumstamm
hinaufzuklettern. Doch die Äste haben schon
Feuer gefangen und brechen unter seinem Gewicht ab.
Nein, Yakari kann dem Flughörnchen nicht mehr helfen.
Und herabgleiten kann es auch nicht mehr – denn es
gibt keine Äste mehr, an denen es Halt finden könnte.

»Graufuchs, du bist von uns allen der Einzige,
der ihm jetzt noch helfen kann«, sagt Yakari ernst.

»Hm, na gut, Yakari, ich mache es«, sagt der Graufuchs –
und steigt Schritt für Schritt an dem Baumstamm hoch.
»Mein schöner Sack!«, brüllt da das Flughörnchen,
als das Riesending überkippt und herunterfällt – knapp
am Graufuchs vorbei. »Oh nein, ich werde meine
Schätze nie wiedersehen«, jault es.
»Bist du langsam mal fertig?«, fragt der Graufuchs.
»Es wird nämlich etwas warm hier auf dem brennenden
Baum. Jetzt halt dich gut fest. Ich zeige dir, wie ein
Graufuchs so einen Baum hinunterklettert.«
Und Schritt für Schritt klettert er mit dem Flughörnchen
auf dem Rücken wieder am Baumstamm hinab.

»Das hast du toll gemacht«, lobt Yakari, als sie beide
wohlbehalten auf dem Boden stehen. »Du warst
sehr mutig. Danke!«
Die Flughörnchenfrau fällt ihrem Mann glücklich
um den Hals.
Und Yakari seufzt. Jetzt muss er seiner Mutter erklären,
warum die Hälfte ihrer schönen Schüsseln kaputt ist …

ᗗᗝᕑ KENNST DU AUCH DIE ANDEREN ᗗᗝᕑ
ABENTEUER VON YAKARI?

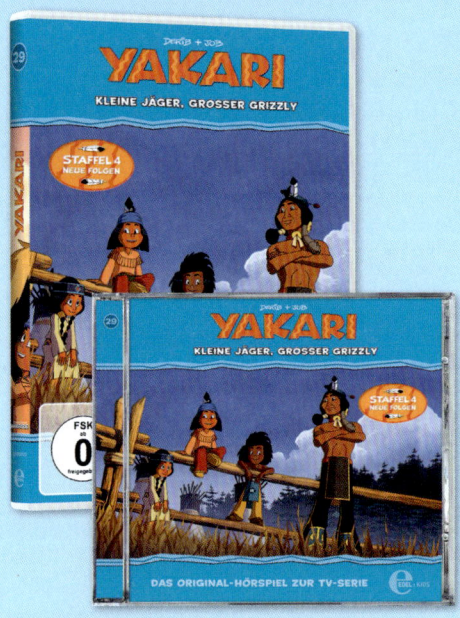

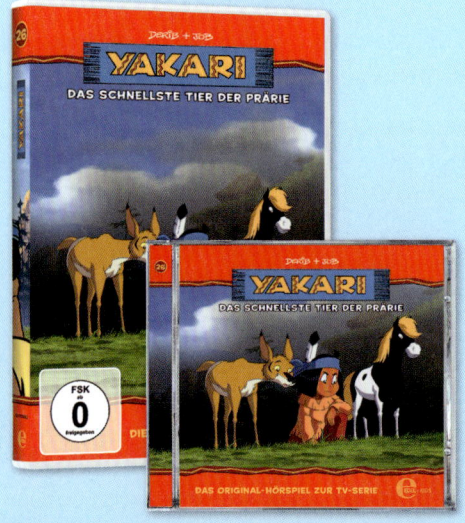

Staffel 3: © 2012 STORIMAGES – Ellipsanime – ARD & KI.KA – 2 Minutes.
Staffel 4: © Derib + Job – Le Lombard (Dargaud-Lombard S.A.). © 2016 – Ellipsanime Productions/Belvision/
ARD & WDR/ Les Cartooneurs Associés/2 Minutes.

An exclusive license of
MEDIATOON

YAKARI

5-MINUTEN-INDIANERGESCHICHTEN

Text von Anna Taube nach Derib + Job
ISBN: 978-3-96129-011-6

Edel:Kids Books
Ein Verlag der Edel Germany GmbH
Copyright © 2017 Edel Germany GmbH,
Neumühlen 17, 22763 Hamburg | www.edel.com
1. Auflage 2017

© Derib + Job | Le Lombard (Dargaud-Lombard S.A.)
© 2012 STORIMAGES | ELLIPSANIME | ARD & KIKA | 2 Minutes (Staffel 3)
© 2016 Ellipsanime Productions | Belvision | ARD & WDR |
Les Cartooneurs Associés | 2 Minutes (Staffel 4)
Licensed by: EL Euro Lizenzen, D-80331 München

Projektkoordination: Judith Haentjes
Lektorat: Christiane Rittershausen
Text: Anna Taube
Umschlaggestaltung: init Kommunikationsdesign | www.initonline.com
Layout und Satz: Groothuis. Gesellschaft der Ideen und Passionen mbH,
Hamburg | www.groothuis.de
Herstellung: Frank Jansen
Druck und Bindung: optimal media GmbH, Röbel/Müritz

Printed in Germany

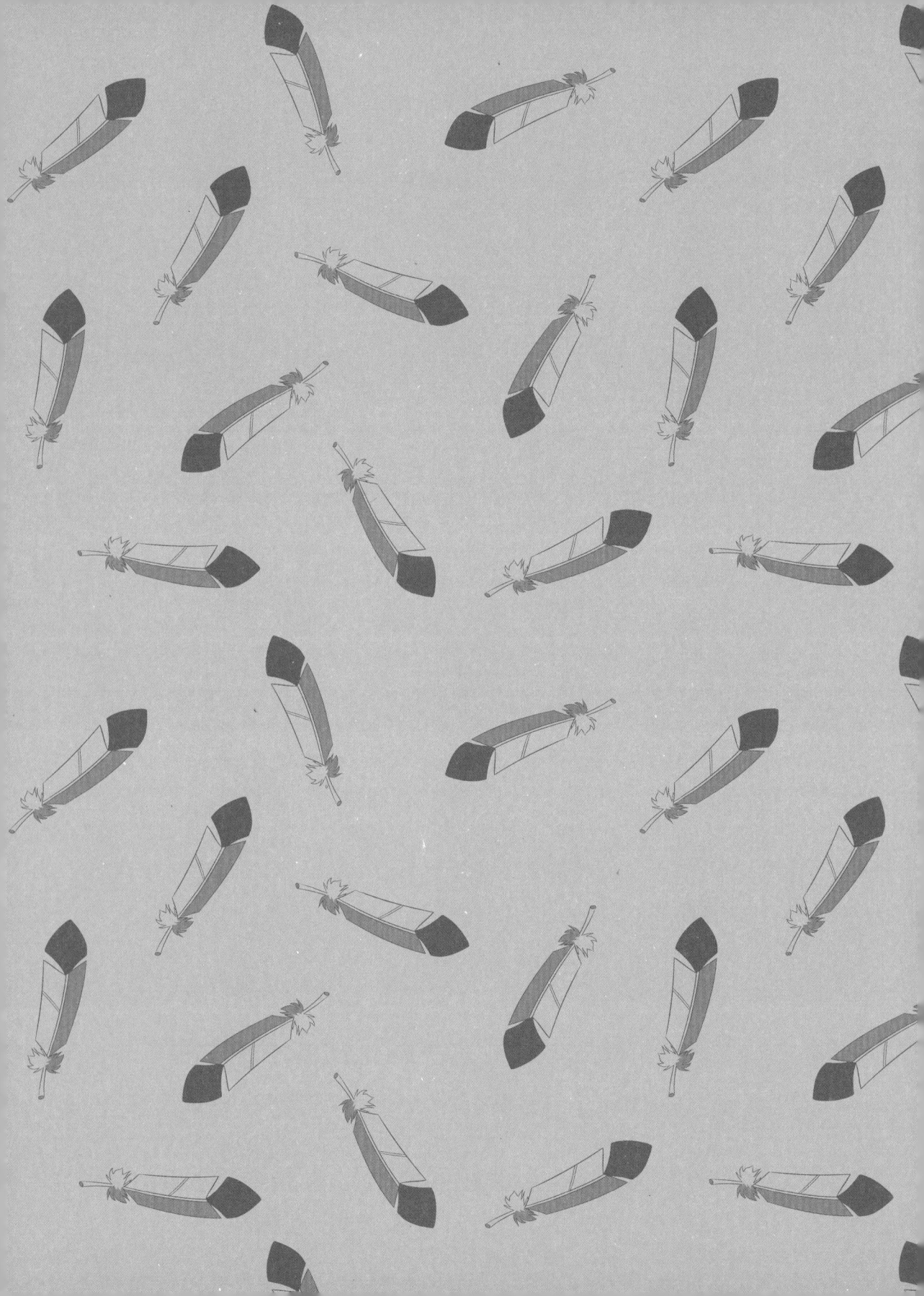